Susanne Flohr

Mittelalterrezeption im 19. Jahrhundert

GRIN Verlag

Bibliografische Information der Deutschen Nationalbibliothek:

Die Deutsche Bibliothek verzeichnet diese Publikation in der Deutschen National-
bibliografie; detaillierte bibliografische Daten sind im Internet über http://dnb.d-
nb.de/ abrufbar.

Impressum:

Copyright © 2009 GRIN Verlag, Open Publishing GmbH
Druck und Bindung: Books on Demand GmbH, Norderstedt Germany
ISBN: 978-3-640-74164-9

Dieses Buch bei GRIN:

http://www.grin.com/de/e-book/158241/mittelalterrezeption-im-19-jahrhundert

Inhaltsverzeichnis

1.   Die Vorgeschichte

Die Entwicklung des deutschen Volkes im 19. Jahrhundert kann an dem bedeutenden nationalen Mythos des Friedrich I. Barbarossa im Kyffhäuser nachvollzogen werden, welcher auch als ein wichtiger Beitrag zur Mittelalterrezeption im 19. Jahrhundert gesehen werden kann.

Besonders in den Jahren nach der Revolution wuchs das Bedürfnis der Bevölkerung nach geschichtlicher Orientierung im deutschen Volk stetig an. Dies führte dazu, dass viele Gesamtdarstellungen, Überblickswerke, Monographien, historische Balladen, Dramen und auch Romane entstanden. Insbesondere die bürgerlichen Schichten setzten sich näher mit der Geschichte auseinander, da ihr persönlicher Bildungsanspruch die Auseinandersetzungen mit Geschichte und Geschichtswerken zum festen Lebensbestandteil machten.

Unter den Historikern wuchs der Wunsch, auf gesellschaftliche und politische Prozesse selbst Einfluss nehmen zu können, weshalb sie vermehrt geschichtsträchtige Werke veröffentlichten. In diesen wurde mit Vorliebe der Bezug zum staufischen Reich hergestellt und so das Verhältnis zum mittelalterlichen Reich untersucht.

2.   Die Betrachtungsweisen verschiedener Historiker

Einen scharfen preußischen Schnitt zog erstmals Gustav Freytag in seinem 1867 erschienenen, fünf Bände umfassenden Werk „Bilder aus der deutschen Vergangenheit". Der erste Band „Bilder aus dem Mittelalter" legt sowohl die Tugenden als auch die Fehler der Hohenstaufen dar. Diese schienen Freytag zu Folge an der Verfolgung der Idee des römischen Weltreichs gescheitert zu sein, da sie eher hätten in Betracht ziehen sollen, sich nach Osten anstatt nach Italien auszubreiten. „Friedrich Barbarossa wird [...] zum Stellvertreter für die Erinnerung an nationale Kraft und Selbstgefühl, die das deutsche Volk unter seiner Herrschaft erleben durfte."[1] Sein Vorbild sollte bis in die Gegenwart hinein wirken, um das Nationalempfinden zu stärken und ein Gefühl für die geschichtliche Identität der Nation zu wecken. Freytag schrieb Friedrich Wilhelm, der nach der Kaiserkrone

---

[1] Kaul 2007, S. 297.

strebte, ein Lehrgedicht, welches in Form eines Dialoges zwischen einem Schwaben und einem Preußen verfasst ist. Die beiden sprechen über die Verpflichtungen des Kaisertums ebenso wie über die Gefahren, die von selbigem ausgehen, wobei ihre Meinungen weit auseinander gehen. Der Preuße richtet sich in seinen Aussagen klar gegen das Kaisertum und tritt für die preußische Königswürde und somit für die an ihr haftenden Traditionen ein, während der Schwabe in der Kaiserkrone ein Zeichen der Vereinheitlichung für die verschiedenen in Deutschland lebenden Stämme sieht. Der Kyffhäuser-Mythos ist in den Augen der königstreuen Preußen als überholtes Wunschdenken und nicht als Symbol der Sehnsucht anzusehen, was die Aussage „Kiffhäuser heißt ein Hügel in Schwarzburg-Rudolstadt, dort haust in Spinnweben die Kaisermajestat"[2] deutlich belegt. Freytag stellt sich hauptsächlich gegen die mittelalterlichen Traditionen um das Kaisertum, da er befürchtet, das deutsche Volk könne in diesen konservativen Traditionen erstarren und sich dadurch nicht weiterentwickeln.

Ein weiterer Historiker namens „Wilhelm von Giesebrecht dagegen tritt in seiner „Geschichte der deutschen Kaiserzeit" mit nationalgeschichtlichem Interesse an die Geschichte heran."[3] Er sieht, anders als Freytag, in der Italienpolitik keinen Fehler, sondern deutet diese als Versuch, ein Monopol für die deutsche Nation zu schaffen. Des Weiteren verweist Giesebrecht darauf, dass die Sage des wiederkehrenden Kaisers erst 1519 Friedrich Barbarossa in Betracht zog, da sie zuvor an den Enkel, Friedrich II., anknüpfte. Die zwischen 1813 und 1817 von Friedrich Rückert gedichtete Ballade „Barbarossa" legte aber endgültig fest, dass es sich bei dem im Kyffhäuser sitzenden Kaiser um Friedrich Barbarossa handelt. „Daß die Sage auf Friedrich Barbarossa übertragen wurde, beweist für Giesebrecht, daß dieser Herrscher im deutschen Volk die beliebteste und verehrteste Kaisergestalt geblieben ist, ein strahlender Held, auf dessen Erwachen man sehnsüchtig wartete."[4]

Sowohl Giesebrecht als auch Freytag prägten durch ihre historischen Darstellungen das Geschichtsbild des deutschen Bürgertums. Freytag bezog sich dabei eher auf das bürgerliche Leben und den Alltag an sich, wohin gegen Giesebrecht sich auf politische Abläufe beschränkte, die er auch quellenkundlich verifizieren konnte. Nach Ansicht beider Geschichtsschreiber wurde das Zeitalter der Staufer in einem Herrscher konzentriert: „Weil der im Kyffhäuser schlafende Rotbart

---

[2] Freytag 1889, S. 106.
[3] Kaul 2007, S. 300.
[4] Kaul 2007, S. 300.

zum Symbol des erträumten Nationalstaats geworden war, blickten beide fast nur auf Barbarossa, den Staufer schlechthin."[5]

In Preußen entwickelte sich derweil eine Schule von Historikern, die anhand ihrer Werke und ihres Wirkens die grundlegende Basis für Bismarcks Erfolg bilden sollten und den kleindeutschen Nationalstaat unter der Führung Preußens zum höchsten Ziel erklärten.

Gustav Droysen, einer der preußischen Historiker, unterlag in seinem Werk „Geschichte der Preußischen Politik"[6] dem Einfluss des Ziels der inneren Reform und Einheit Deutschlands und nutzte so die Geschichtswissenschaft als Lösung dieser politischen Aufgabe. Er sah seine selbst erklärte Aufgabe darin, als Historiker der Einheitsbewegung zu dienen und berief sich hierbei auf die Zeit der Hohenstaufen, welche er als „Gipfel der Geschichte"[7] bezeichnete. Die Erinnerung an die Staufer wurde zugleich zur Forderung an das neuzuschaffende einheitliche Reich, diente jedoch sowohl als mahnendes Bild dessen, was erstrebt werden sollte, aber auch als mahnendes Bild der Nation, die ihr Ziel nicht hartnäckig genug verfolgt hat, denn „an den alten Kaiser Rothbart, der nur des Erwachens harrt, ist in unseren Tagen wieder erinnert, nur nicht geglaubt worden."[8] Droysen führte an, dass die nationale Machtentfaltung zum momentanen Zeitpunkt jedoch nur durch die Hohenzollern möglich sei.

Heinrich von Treitschkes subjektive Geschichtsdarstellung „Deutsche Geschichte im 19. Jahrhundert"[9] spiegelte deutlich seinen konservativen Nationalismus wider. Die „doppelte Leistung seines Lebens war, Deutschland zur Einheit zu erziehen und ihm den herrlichsten Spiegel seiner Vergangenheit vorzuhalten."[10] Treitschke bezog sich stark auf das mittelalterliche Kaisertum, ließ jedoch das Kaisertum der Habsburger völlig außer Acht, und sah die Hohenzollern als rechtmäßige Nachfolger der Ottonen und Staufer.

---

[5] Kaul 2007, S. 300.
[6] Vgl. Droysen, Johann Gustav: Geschichte der Preußischen Politik. Theil 1: Die Gründung. Leipzig 1855.
[7] Droysen 1868, S. 5.
[8] Droysen 1868, S. 4.
[9] Vgl. Treitschke, Heinrich von: Deutsche Geschichte im 19. Jahrhundert. 5 Teile. Leipzig 1879.
[10] Meinecke 1968, S. 205.

2.1. Eine geschichtswissenschaftliche Kontroverse

Heinrich von Sybel zeigte sich stark liberal-konservativ geprägt, was sich aus seiner Abneigung gegen Frankreich und Österreich herleiten ließ. Er vertrat seinerseits die Auffassung, dass die Politik einer großdeutschen Richtung wie der der Staufer nicht folgen, sondern eine kleindeutsche Lösung anstreben sollte. Er sah seine Aufgabe darin, „der Gegenwart aus der Geschichte der Vergangenheit Lehren zu erteilen."[11] Den Staufern warf er vor, Deutschlands Kräfte in Italien verschwendet und so den eigenen Untergang eingeläutet zu haben. Er warnte das Volk in seiner Schrift „Die deutsche Nation und das Kaiserreich"[12] vor einer Wiederholung der Stauferzeit, deren Untergang er in der Italienpolitik sah, und stempelte Barbarossa lediglich als Fürstenparteiführer ab, der ohne den Prunk und die Herrlichkeit seines Reiches in den Kyffhäuser hinabsteigen musste.

Julius Ficker sprach sich, anders als Sybel, für eine großdeutsche Lösung und damit für die arg umstrittene Italienpolitik als „übernationale Mission"[13] aus. Er sah in Barbarossa einen macht- und prunkvollen Kaiser, der im Kyffhäuser Berg nur ruhen und bis zu seinem Wiedererwachen ausharren würde.

Der ostpreußische Historiker Ferdinand Gregorovius sah hingegen in Barbarossa mehr als nur einen Kaiser, er bezeichnete ihn sogar als „unsterblichen Held[en]"[14], der durch die Volkssage weiterleben würde. Gregorovius versuchte nunmehr die Funktion eines Vermittlers zwischen Ficker und Sybel einzunehmen, indem er mahnte, die „Trennung der Politik des staufischen Kaiserreichs von der des im Werden begriffenen deutschen Nationalstaats"[15] zu vollziehen.

Im Laufe des Disputs zwischen den obig genannten Historikern rückt auch die staufische Innenpolitik verstärkt in das Blickfeld der beiden Streitenden. Sybel sah anders als sein Kontrahent Ficker das Kaisertum als national begründet an, weshalb das Reich seiner Meinung nach sein Interesse nur auf die Politik Deutschlands hätte lenken sollen. Dies bedeutet gegenwärtig, dass eine großdeutsche Linie nicht zu verfolgen ist, um nicht noch einmal den Untergang des Reiches heraufzubeschwören

---

[11] Gooch 1964, S. 152.
[12] Vgl. Sybel, Heinrich von: Die deutsche Nation und das Kaiserreich. Eine historisch-politische Abhandlung. Düsseldorf 1862.
[13] Kaul 2007, S. 305.
[14] Kaul 2007, S. 304.
[15] Kaul 2007, S. 304.

wie zu Zeiten der Staufer. Ficker wiederum begrüßte die Italienpolitik, in welcher er die Pflege und Ausbreitung des eigenen Reiches sah.

Beide Historiker kamen jedoch in dem Punkt überein, dass das Mittelalter eine äußerst bedeutende Zeit war, die sowohl als mahnendes als auch als vorbildhaftes Beispiel für die gegenwärtige Zeit dienen sollte. Aufgrund der Abfassungen Fickers und Sybels bildeten sich jedoch auf beiden Seiten Anhängerschaften, die den anfänglich unter Geschichtsschreibern ausgetragenen Disput zu einer weitreichenden politischen Debatte werden ließen. Also nahm die Gründung des neuen Reiches ihren Ausgangspunkt in einem Konflikt darüber, wie das künftige Reich nun werden sollte. Letztendlich wurde 1871 jedoch nicht, wie von Sybel gewünscht, das preußisch-deutsche Königtum, sondern der von Ficker hoch gelobte Kaisertitel eingeführt.

3. Der Kyffhäuser-Mythos in seiner Entstehungszeit

Die Sage um Barbarossa blieb weiter im Volk haften und auch wenn man sich nicht den Herrscher selbst zurücksehnte, so träumte die Bevölkerung doch von der Herrlichkeit, dem Prunk und der Macht des untergegangenen Reiches. Die Idee des nationalen Staates mischte sich also immer wieder mit den Erinnerungen an den sagenumwobenen Barbarossa, weshalb dieser populär blieb. Das bleibende Interesse an der Kyffhäuser-Sage äußert sich des Weiteren in zahlreichen Untersuchungen zu Tradierung, Herkunft und Bedeutung der Sage, die in den fünfziger und sechziger Jahren veröffentlicht wurden.

Dazu zählte auch Georg Voigt, der schrieb, dass der Ursprung des Kyffhäuser-Mythos in Italien läge und dass nicht in Vergessenheit geraten dürfe, dass dieser sich zunächst auf Friedrich II. bezog. Die Anfänge lagen demnach weiter zurück. Die Möglichkeit der Übertragung kam erst dadurch zustande, dass es zwei bedeutende Kaiser mit dem Namen Friedrich gab, nämlich Friedrich I., der den Beinamen Barbarossa trug, und Friedrich II., der dessen Enkel war. Friedrich I. Barbarossa lebte von 1121 bis 1190, wobei seine Regierungszeit erst 1152 begann und mit seinem plötzlichen Tod ein Ende fand. In Italien erhielt er aufgrund seines roten Bartes den Beinamen „Barbarossa", was ins Deutsche übersetzt Rotbart bedeutet. Als er das christliche Heer in den III. Kreuzzug führte, um Jerusalem von König Saladin zu befreien, verunglückte er jedoch tödlich in Kleinasien.

„Der Tod des Kaisers kam rasch und unerwartet. Vergeblich warnte das Gefolge seinen Herren vor einem Bad in der reißenden Strömung des Saleph, vor der sengenden Sonne des Mittags. Friedrich I., vom anstrengenden Ritt über die Berge erhitzt, vom Mahle beschwert, stürzte sich in den kalten Gebirgsfluss. Vor den entsetzten Blicken seiner Ritter und Knappen versank er in den Wassern und tauchte nicht wieder auf.“   Jürgen Lotz[16]

Kaiser Friedrich I. Barbarossa[17]

Friedrich II. war der Enkel von Friedrich I. Barbarossa und lebte von 1194 bis 1250, wobei seine Regierungszeit als letzter großer Kaiser des Stauferreiches von 1215 bis zu seinem plötzlichen Tod andauerte. Anders als Barbarossa wirkte er meist in Italien, weshalb er dem deutschen Volk eher fremd und der deutschen Sprache daher kaum mächtig war. Er wurde „Wandler der Welt“[18] genannt, da es ihm äußerst wichtig war, seine kaiserliche Macht auszubreiten und zu vergrößern, wobei er jedoch den Versuch unternahm, die Macht des Papstes in Frage zu stellen und zu seinen eigenen Gunsten einzuschränken.

Da Friedrich II. an einer schweren Krankheit litt und kurze Zeit später überraschend verstarb, zerbrach das geschaffene Reich und die italienische Bevölkerung wähnte ihn aufgrund ihres Aberglaubens in den in Italien liegenden Berg Ätna, wo es ihn nach seinem Tod hingezogen haben sollte.

Diese Sage wurde durch reisende Kaufleute und Söldner mündlich weiter überliefert und gelangte so bald nach Deutschland, wo jedoch nur der Kern der Geschichte der Gleiche blieb, sich aber alle wesentlichen inhaltlichen Punkte im

---

[16] http://www.reisen-in-mitteldeutschland.de/sehenswertes_kyffhaeuser_historisches.html
[17] http://www.reisen-in-mitteldeutschland.de/sehenswertes_kyffhaeuser_historisches.html
[18] http://www.reisen-in-mitteldeutschland.de/sehenswertes_kyffhaeuser_historisches.html

Laufe der Zeit veränderten. Dies war typisch für mündliche Überlieferungen, da jeder Erzählende etwas hinzudichtete und so für ihn wesentliche Punkte ergänzte, um das Erzählte spannender zu gestalten. Es lässt sich sagen, dass nicht die gesamte deutsche Bevölkerung an den Tod Friedrich II. glauben wollte. Da er in Italien lebte und das deutsche Volk ihn kaum zu Gesicht bekam, verbreiteten sich schnell Gerüchte, dass Friedrich II. noch am Leben sei. Aufgrund der zahlreichen Erzählungen und dem Wunsch nach einem einheitlichen Reich wurde jedoch sehr schnell aus Friedrich II. Friedrich I., da letzterer sich in Deutschland allgemein größerer Beliebtheit erfreute als sein Enkel und er so auch nicht in Vergessenheit geriet.

Da es sich nun aber um einen anderen Kaiser handelte, wurde auch schnell ein Berg gefunden, der in Deutschland lag und in dem Barbarossa von nun an sitzen sollte. Im Kyffhäuser-Berg lebte seit jeher Mythen zufolge der heidnische Gott Wodan und so vermischte sich diese Überlieferung mit der des deutschen Kaisers Friedrich I., der in diesem Berg nun seine neue Heimat gefunden hatte. Barbarossa, der nun zum Hoffnungsträger des deutschen Volkes avancierte, sollte der Sage nach in den Kyffhäuser-Berg hinab gestiegen sein. Dort befände er sich in schlafendem Zustand und sollte zu gegebenem Zeitpunkt wiedererwachen, um dem deutschen Volk die glorreichen und prunkvollen Zeiten seines Reiches zurückzubringen.

Es heißt noch heute, im Kyffhäuser-Berg befindet sich eine Höhle, in der man Kaiser Friedrich I. sehen kann, wie er auf einer Bank vor einem steinernen Tisch sitzt und schläft. Seinen Kopf stützt er auf seine Hand und sein Bart ist mittlerweile so lang geworden, dass er bereits durch den Tisch gewachsen ist und den Boden berührt, da er schon lange Zeit im Kyffhäuser schläft.

„Der Kyffhäuser und seine Sage wurde zum Ideal eines neu erwachten Nationalbewußtseins"[19] und viele sehnten sich nach einer Herrschaft, die der Barbarossas gleich käme. Eine Herrschaft, die von Gerechtigkeit, Prunk und vor allem Herrlichkeit geprägt war, denn unter dem Regiment Friedrich I. ging es der Bevölkerung gut.

---

[19] http://www.harz-saale.de/Impressionen/Denkmale___Turme/Kyffhauser/Mythos_Kyffhauser/mythos_kyffhauser.html

Die Übertragung auf Friedrich Rotbart wurde in Deutschland auf vielerlei Arten unterstützt, hauptsächlich durch die Werke verschiedenster Poeten. Unter anderem befasste sich auch Friedrich Rückert mit dieser Thematik und verfasste zwischen 1813 und 1817 folgendes Gedicht:

Barbarossa[20]

Der alte Barbarossa,
Der Kaiser Friederich,
Im unterird'schen Schlosse
Hält er verzaubert sich.

Er ist niemals gestorben,
Er lebt darin noch jetzt;
Er hat im Schloß verborgen
Zum Schlaf sich hingesetzt.

Er hat hinab genommen
Des Reiches Herrlichkeit
Und wird einst wiederkommen
Mit ihr zu seiner Zeit.

Der Stuhl ist elfenbeinern,
darauf der Kaiser sitzt;
Der Tisch ist marmelsteinern,
Worauf sein Haupt er stützt.

Sein Bart ist nicht von Flachse,
Er ist von Feuersglut,
Ist durch den Tisch gewachsen,
Worauf sein Kinn ausruht.

Er nickt als wie im Traume,
Sein Aug' halb offen zwinkt,
Und je nach langem Raume
Er einem Knaben winkt.

Er spricht im Schlaf zum Knaben:
Seh hin vor's Schloß, o Zwerg,
Und sieh, ob noch die Raben
Herfliegen um den Berg.

Und wenn die alten Raben
Noch fliegen immerdar,
So muß ich auch noch schlafen,
Verzaubert hundert Jahr.

In diesem Gedicht befasste sich Friedrich Rückert eingehend mit dem Kyffhäuser-Mythos und legte die sagenumwobene Erzählung offen dar, was dazu beitrug, dass die Legende des Barbarossa im Volk nicht in Vergessenheit geriet. Noch dazu war das Gedicht zur damaligen Zeit Pflichtlektüre in der Schule, wodurch viele Menschen mit der Sage in Berührung kamen und diese weiter verbreitet wurde.

Rückert schrieb also davon, dass Barbarossa im Kyffhäuser sitzt, wo er noch heute ausharrt und auf seine Rückkehr wartet. Der Sage nach schickt er alle hundert Jahre seinen Zwerg Alberich, um nachzusehen, ob die Raben noch sein Versteck umkreisen. Tun sie dies eines Tages nicht mehr, würde Barbarossa aus seinem Schlaf erwachen, um mit Ruhm und Ehre zurückzukehren. Durch den Wunsch nach einem vereinigten Reich entwickelte sich die Sage um Barbarossa schnell zur Nationalsage, denn nach einer Wiederkehr des alten Reiches sehnten sich vor der Reichsgründung 1871 viele Menschen. Diese Ansprüche stellte das Volk somit auch an das neue Reich und hoffte, die Erwartungen würden durch Wilhelm I. erfüllt werden.

---

[20] http://hor.de/gedichte/friedrich_rueckert/barbarossa.htm

4. Die Kyffhäuser-Burg und das Denkmal

Die Kyffhäuser Reichsburg, die in Ruinen liegt, befindet sich auf der Kuppe des 457 Meter hohen Kyffhäuser-Berges in der Nähe des Ortes Frankenhausen in Thüringen. Sie steht aufgrund ihres Verfalls im kompletten Gegensatz zur restaurierten und neu ausgeschmückten Wartburg und ist damit als Wahrzeichen für die untergegangene Kaiserherrlichkeit des Mittelalters zu sehen. Noch heute kann die Ruine besucht und die Überreste der mittelalterlichen Baukunst bewundert werden.

Die Reichsburg ist dreigeteilt und besteht folglich aus einer Ober-, einer Mittel- und einer Unterburg. Die Oberburg kann durch das Erfurter Tor erreicht werden, auch der Burgbrunnen ist Dank der Restauration heut wieder zu besichtigen. Die Mittelburg ist fast vollständig zerstört. Zu besichtigen sind lediglich die Überreste der Burgmauern und ein zerfallener Turm. Die Unterburg besteht aus den Ruinen eines Wohngebäudes und einer ebenfalls zerfallenen Burgkapelle.

Das Kyffhäuser-Denkmal ist insgesamt 81 Meter hoch und wurde 1890 mit sechsjähriger Bauzeit auf den Ruinen der ehemaligen Reichsburg Kyffhausen errichtet. Der Bau des Denkmals wurde vom Deutschen Kriegerbund veranlasst, der ab 1900 die Verwaltung übernahm und seitdem unter dem Namen Kyffhäuserbund e.V. bekannt ist. Lange Zeit lebte die Barbarossa-Sage ohne ein Denkmal, jedoch sah das Volk 1871 mit der Reichsgründung die Kyffhäuser-Sage erfüllt und setzte ein Denkmal als Versinnbildlichung für den Anbruch einer neuen Zeit- gleichzeitig aber auch für die Wiederkehr der ehrwürdigen Zeit des Barbarossa, weshalb dieser in Sandstein gemeißelt zu erwachen scheint. Das Denkmal selbst lehnt sich stilistisch an den Burgenbau der Stauferzeit an. Es besteht aus einer 6,5 Meter hohen Figur, die Barbarossa darstellen soll, der just in diesem Moment zu erwachen scheint. Über dem Bild des erwachenden Kaisers befindet sich ein 11 Meter hohes Reiterstandbild, das Kaiser Wilhelm I. zeigt.

Der Gedanke dieses Denkmals ist, dass Kaiser Wilhelm die Reichseinigung vollenden sollte, auf die Friedrich I. schon lange Zeit im Kyffhäuser wartete. Wilhelm I. galt also als der „Erfüller der Kaisersage"[21] und die neue Hoffnung des Volkes.

Im Jahr 1871 wurde ein Fest auf dem Kyffhäuser gefeiert, was „Des Kaisers Erwachen"[22] genannt wurde und gleichzeitig das Erwachen des neuen Reiches war.

---

[21] http://www.hoehle.de/04Barbarossa/Kyffhaeuser.htm
[22] Kaul 2007, S.312.

Das Reiterstandbild zeigt Kaiser Wilhelm I.[23]

Der erwachende Barbarossa[24]

---

[23]http://www.trivago.de/bad-frankenhausen-29280/denkmal/kyffhaeuser-denkmal-97765/bild-i4774541
[24] http://www.trivago.de/bad-frankenhausen-29280/denkmal/kyffhaeuser-denkmal-97765/bild-i4774543

5. Fazit

Letztendlich lässt sich sagen, dass der Barbarossa-Mythos ein stetiger Begleiter des deutschen Volkes war und auch über lange Zeit blieb. Die Kyffhäuser-Sage ist noch heute weit verbreitet und vor allem in schlechten Zeiten wird sie wieder mehr erzählt, um sich an das Vergangene zu erinnern und den gerechten Herrscher Barbarossa nicht in Vergessenheit geraten zu lassen.

Die Sehnsucht der Menschen nach Einheit und Gerechtigkeit findet sich immer wieder in der Geschichte jedes Landes und Volkes. Dass sich der Kyffhäuser-Mythos über so lange Zeit als Sagengut gehalten hat, beweist eindeutig, dass der Wunsch nach Gerechtigkeit unsterblich ist- genau wie Barbarossa, der im Kyffhäuser sitzt und auf seine große Rückkehr wartet. Deshalb hat sich die Barbarossa-Sage im 19. Jahrhundert zu einer der bekanntesten Sagen Deutschlands entwickelt.

Unter Hitlers Herrschaft griffen jedoch viele NS-Schriftsteller auf Friedrich I. Barbarossa zurück und nutzten ihn zu ihren politischen Zwecken, was dazu beitrug, dass der Barbarossa-Mythos einen negativen Beigeschmack erhielt. Hitler identifizierte sich sogar mit dem Kaiser, da er den Angriff auf Russland unter dem Decknamen „Operation Barbarossa"[25] laufen ließ. Er wandelte auf den Pfaden seiner Vorgänger und fühlte sich zur Ausweitung des Reiches berufen. So verglich er seinen Krieg gegen den Bolschewismus mit dem Kreuzzug Barbarossas gegen den Islam und dem Versuch der Ausweitung des Reichsgebiets nach Osten. Im Gegensatz zu Barbarossa scheiterte Hitler jedoch und entzog sich jeglicher Verantwortung durch seinen Selbstmord. Anders als Barbarossa hinterließ er ein führerloses Reich, das durch seinen Größenwahn in eine tiefe Krise gestürzt wurde.

Durch die Rückbesinnung Hitlers auf Barbarossa wurde der Mythos um den großen Kaiser jedoch vorerst zerschlagen und nach 1945 beriefen sich daher kaum noch Schriftsteller auf ihn. Jedoch zog es viele Menschen nach der Grenzöffnung, als Deutschland wiedervereint war, zum Kyffhäuser-Denkmal, was erneut zum Wahrzeichen für die Einheit der deutschen Bevölkerung avancierte und auch heute noch von vielen als solches gesehen wird.

---

[25] http://www.hausarbeiten.de/faecher/vorschau/107270.html

6. Literaturverzeichnis

Droysen, Johann Gustav: Geschichte der preußischen Politik. Theil 1: Die Gründung. Leipzig: Veit 1855.

Droysen, Johann Gustav: Geschichte der preußischen Politik. Theil 1: Die Gründung. 2. Auflage. Leipzig: Veit 1868.

Freytag, Gustav: Der Kronprinz und die deutsche Kaiserkrone. Leipzig: Hirzel 1889.

Gooch, George P.: Friedrich der Große: Herrscher, Schriftsteller, Mensch. Ungekürzte Ausgabe. Frankfurt am Main [u.a.]: Fischer 1964.

Kaul, Camilla G.: Friedrich Barbarossa im Kyffhäuser. Bilder eines nationalen Mythos im 19. Jahrhundert. Köln, Weimar [u.a.]: Boehlau 2007.

Meinecke, Friedrich: Zur Geschichte der Geschichtsschreibung. München [u.a.]: Oldenbourg 1968.

Sybel, Heinrich von: Die deutsche Nation und das Kaiserreich. Eine historisch-politische Abhandlung. 2. Abdruck. Düsseldorf: Buddeus 1862.

Treitschke, Heinrich von: Deutsche Geschichte im 19. Jahrhundert. 5 Teile. Leipzig: Hirzel 1879.

http://www.hausarbeiten.de/faecher/vorschau/107270.html (zuletzt besucht am 04.06.2008)

http://www.hoehle.de/04Barbarossa/Kyffhaeuser.htm (zuletzt besucht am 01.06.2008)

http://hor.de/gedichte/friedrich_rueckert/barbarossa.htm (zuletzt besucht am 24.05.2008)

http://www.harz-saale.de/Impressionen/Denkmale___Turme/Kyffhauser/Mythos_Kyffhauser/mythos_kyffhauser.html (zuletzt besucht am 13.05.2008)

http://www.reisen-in-mitteldeutschland.de/sehenswertes_kyffhaeuser_historisches.html (zuletzt besucht am 14.05.2008)

http://www.trivago.de/bad-frankenhausen-29280/denkmal/kyffhaeuser-denkmal-97765/bild-i4774541 (zuletzt besucht am 18.05.2008)

http://www.trivago.de/bad-frankenhausen-29280/denkmal/kyffhaeuser-denkmal-97765/bild-i4774543 (zuletzt besucht am 18.05.2008)